RECHERCHES

SUR

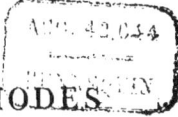

LES DIVERS MODES

DE PUBLICATION DES LOIS,

Depuis les Romains jusques à nos jours;

PAR M. BERRIAT-SAINT-PRIX;

Lues à la séance publique de rentrée de l'Ecole de
Droit de Grenoble, le 2 novembre 1808.

———

PARIS,

DE L'IMPRIMERIE DE J. B. SAJOU,
Rue de la Harpe, n.° 11.

1809.

Extrait du Magasin Encyclopédique (septembre 1809),
Journal pour lequel on s'abonne chez Gabriel Dufour
et Compagnie, libraires, rue des Mathurins S. Jacques,
n.° 7.

RECHERCHES

Sur *les divers modes de publication des Lois, depuis les Romains jusques à nos jours, par M.* Berriat-Saint-Prix ; *Lues à la séance publique de rentrée de l'Ecole de Droit de Grenoble, le 2 novembre* 1808.

Une des dispositions législatives dont on doit enseigner les élémens à ceux qui débutent dans l'étude du droit est relative à la publication des lois, et est contenue dans les premières lignes du Code Napoléon. Il peut être intéressant et même utile d'examiner quel fut à cet égard le droit ancien. En comparant ce qu'on fit jadis avec ce qu'on pratique aujourd'hui, on conçoit avec plus de facilité et l'on se grave mieux dans la mémoire le droit actuellement en vigueur. Il faut, dit un de nos plus grands hommes, Montesquieu, il faut éclaircir l'histoire par les lois et les lois par l'histoire (1). Tel est le principal motif pour lequel je vais communiquer quelques recherches sur les divers modes de publication des lois usités jusques à nos jours.

Une loi est un précepte, un ordre destiné

(1) *Esprit des Lois*, liv. 31, ch. 2.

à diriger l'homme dans sa conduite. Comme on ne peut le diriger dans des actions passées, la loi n'a d'effet que relativement aux actions futures, ou, en d'autres termes, la loi n'oblige que pour l'avenir. *Code Napoléon, art.* 2.

Elle n'oblige pas même dès le moment qu'elle est rédigée, mais dès qu'on en a fait la *publication*, c'est-à-dire, dès qu'on l'a fait connoître, parce qu'autrement il seroit impossible de s'y conformer.

On sent qu'il est également impossible qu'une loi soit connue aussitôt après sa rédaction, de tous les individus dont elle doit diriger la conduite. Les législateurs ont cherché à remédier à cet inconvénient en adoptant des modes de publication qui eussent l'effet de répandre avec rapidité, et de faciliter à un grand nombre de personnes la connoissance de la loi.

C'est ce dont on s'aperçoit bientôt lorsqu'on étudie les mesures qu'on a prises à cet égard chez les anciens et chez les modernes. Quoique les modes de publication ayent dû varier en raison de l'organisation politique, de l'étendue du territoire, de la facilité des communications, de l'intensité des lumières, etc., des divers états, on observe dans presque tous, les formalités suivantes: la lecture publique, la transcription et l'affiche. La lecture fait connoître la loi aux personnes présentes ; l'affiche et la transcription aux absentes. La transcription sert en outre à conserver la loi dans son intégrité, à empêcher qu'elle n'éprouve quelque altération, et elle procure le moyen de rectifier les fautes qui peuvent s'être glissées dans les copies des textes originaux.

Un examen rapide de la législation romaine et de la nôtre, qui en est dérivée en grande partie, justifiera ces remarques et nous mettra à portée de fixer en même temps notre opinion sur le mérite des divers modes de publication, modes que l'on doit juger plus parfaits à proportion qu'ils répandent davantage et avec plus de rapidité et de sûreté la connoissance de la loi, ainsi qu'on l'a déja fait pressentir. Cet examen nous donnant d'ailleurs en quelque sorte la filiation des lois relatives à la matière dont nous nous occupons, facilitera l'interprétation des plus récentes, d'après la maxime : *posteriores leges ad priores pertinent nisi contrariæ sint.* — *L.* 28, *ff. de legibus.*

Dans les premiers temps de la république romaine la loi étoit faite par le peuple en corps, sur la proposition d'un magistrat de l'ordre des sénateurs (2). Ce magistrat la ré-

(2) *Lex est quam Populus Romanus, senatorio ma-*

digeoit d'abord avec son conseil particulier, c'est ce qu'on nommoit *scriptio legis*. Il la soumettoit ensuite à l'examen du sénat *(communicatio legis)* et la faisoit afficher pendant trois marchés consécutifs. Cette affiche, cette *mise au jour* se nommoit *promulgatio*, mot dérivant de *provulgatio* ou *divulgation* (3).

Le peuple se rassembloit le lendemain du troisième jour de marché : un héraut faisoit la lecture de la loi *(recitatio legis)*. Cette lecture étoit suivie des débats des orateurs *(suasio et dissuasio legis)*, de l'examen des auspices *(auspicio)*, du tirage des centuries, quelquefois de l'opposition des augures ou des tribuns *(intercessio)*, enfin de la demande, de la *dation* et de la numération des suffrages *(rogatio legis, latio et diremptio suffragiorum)*. Si la loi passoit, *(scita vel perlata lex)*, elle étoit confirmée *(confirmatio legis)* par le serment et la signature des principaux citoyens qui y avoient concouru ; elle étoit ensuite gravée sur des tables d'airain qu'on exposoit en public, ou qu'on déposoit dans le trésor de l'état (4).

gistratu interrogante, constituebat. — Instit., de jure natur., §. 4.

(3) Voyez le Traité *de verborum significatione*, de Verrius Flaccus, abrégé par Pompeius Festus.

(4) Voyez, quant à toutes ces formes, *Ant.* Au-

Ces détails ne sont point étrangers à notre sujet, parce qu'ils nous découvrent l'origine des formes observées par les modernes pour la publication des lois, telles que la lecture, la transcription, l'affiche, etc. Il est vrai que plusieurs d'entre elles précédoient ou accompagnoient la *formation* de la loi chez les anciens, tandis que chez nous elles la suivoient; mais cela tenoit à la différence des gouvernemens. A Rome, la constitution étoit démocratico-aristocratique, tous les citoyens y concouroient directement à la loi ; en France, elle a été successivement monarchique, représentative et mixte : les citoyens n'y ont eu d'abord aucune participation et ensuite n'y ont eu qu'une participation indirecte à la loi.

Les premiers empereurs firent d'abord transférer le droit législatif du peuple au sénat qui ne l'exerçoit que sur leur proposition *(oratio principis)*. Les décrets du sénat n'étoient valables que lorsqu'on les avoit déposés dans le trésor public (5), et n'étoient exécutés qu'en

GUSTIN, *de legib. et Senatus C. ; Paul* MANUCE, *de legib.;* GRAVINA, *de ortu et progress. Jur.*, cap. 26-3o; HEINECCIUS, *Antiquit. Roman.*, lib. I, tit. 2, n.os 2-13, etc.

Les mêmes formes, à peu près, étoient observées dans les Plébiscites. — Voyez HEINECCIUS, n.os 15-17.

(5) SUÉTONE, *Vita Augusti ;* GRAVINA, *Sup.*, Cap. 22.

vertu de la promulgation que le prince en
ordonnoit par un édit (6).

Lorsque les empereurs eurent tout-à-fait
acquis le pouvoir législatif (7), plusieurs des
formalités de publication, qui sous la répu
blique s'observoient avant l'émission de la
loi, telles que la lecture et l'affiche (8), furent
et durent être renvoyées après cette émission
et remplies dans le même temps que la trans
cription et le dépôt. C'est ce qu'on apprend
par une foule d'ordonnances éparses dans le
Code Théodosien, et dont il résulte que la
publication se faisoit de la manière sui
vante.

1.º Lorsqu'une loi avoit été arrêtée dans le
conseil de l'empereur, on l'adressoit *(consti
tutio emissa)* aux magistrats qui étoient spé
cialement chargés de la faire exécuter, ou

(6) POTHIER, *Pandectæ, in Prolegom.*, part. 1
Cap. 2, §. 2.

(7) Ce changement eut lieu sous les règnes d'Adrien
et de ses successeurs jusques à celui de Caracalla
— POTHIER, sup.; *Jac.* GODEFROI, *hist. jur.*, cap
3 et 4.

(8) Il étoit inutile de communiquer par la lec
ture et l'affiche, des projets de loi à la discussion
desquels le peuple n'avoit plus aucune part; mais
on fit très-bien de lire publiquement et d'afficher les
lois elles-mêmes, puisque les citoyens privés du droit
de les voter, avoient besoin d'un plus grand nombre
de solennités pour les connoître.

au sénat, ou aux provinces et au peuple en
général (9).

2.° Le magistrat à qui la loi étoit adressée,
ou qui en étoit le porteur, en faisoit lecture
aux classes de citoyens ou de fonctionnaires
qu'elle concernoit (10).

3.° On affichoit les lois avec un édit où
le magistrat en ordonnoit sans doute la promulgation et l'exécution (11). *Mos olim fuit,*
dit *Godefroi (12), ut magistratus juberentur
constitutiones publicè sub edicto seu program-*

---

(9) Voyez *Jac.* Godefroi, *Paratjl. ad* L. 1, C.
Theod., *de Const. princ.*; et *Comment. ad* L. 9, C.
Theod., *de indulg. debitor.*

(10) Nous en avons plusieurs exemples : 1.° la
loi 2, *C.* Theod., *de prœtor.* et *quœstor.*, relative
à un nouveau mode d'élection des préteurs, fut lue
au sénat la veille du jour où il devoit procéder à
cette élection suivant l'ancien mode. — Voyez Godefroi, *ad D. L.*

2.° La loi 20, *C.* Theod., *de Episcop. et Cleric*,
relative aux ecclésiastiques et aux personnes vouées
à la chasteté, fut lue dans les églises de Rome.

Enfin Godefroi, *ad D. L.*, nous apprend que les
lois qui intéressoient les juges, les militaires, etc.,
étoient également lues.

(11) C'est ce que prescrivent une foule de consti-
tutions du Code Théodosien. — Voyez *LL.* 37, *de
Herœticis*; 26, *de Cohort.*; *ult.*, *de Decurion. et
Silent.*; *unic.*, *si per obrempt.*, etc.

(12) Godefroi, *ad L. unic.*, *C.* Theod., *si per
obrempt.*, etc.

mate proponere et proferre. . . . Sic ut lex
principis præcederet, sequeretur mox edic-
tum (13) magistratus.

On ne se contentoit pas de cette affiche pour
beaucoup de lois, on les faisoit encore gra-
ver sur des tables d'airain ou de plomb, ou
écrire sur du linge, ou tracer sur des ta-
blettes de cire (14). . . . Ces affiches ou tables étoient placées dans les villes les plus con-
sidérables, dans les lieux les plus fréquentés,
dans tous les pays qui devoient spécialement
observer les lois qu'elles contenoient (15).

4.° Enfin, certaines espèces de lois, et
entre autres celles qui déterminoient les
fonctions des magistrats, ou accordoient des
priviléges aux particuliers, étoient trans-
crites dans les registres des fonctionnaires
et surtout des juges qu'elles concernoient ou

(13) Il faut remarquer que le mot *edictum* a signifié
dans le principe, *mise au jour, publication.* « Ma-
« gistratus edicta proponebant (*exposoient, affi-*
« *choient*) ut scirent cives, quod jus de quâque re
« quisque dicturus esset, seque præmuniret. » — L. 2,
ff., de Origine juris, §. 10.

(14) Voyez L. un., C. THEOD., *de Veteran.,* et
1, C. THEOD., *de Aliment. quæ inop.;* et GODEFROI,
ad DD. LL.

(15) Voyez LL. 37, C. THEOD., *de Herætic.;*
unic., si per obrempt.; 4, ad S. C. CLAUDIAN.; 2,
ad L. Cornel., de Falsis, etc.

qu'on chargeoit de les appliquer ou exécuter (16).

Nous verrons bientôt que ces formalités sont
à peu près les mêmes qu'on a ensuite longtemps observées en France ; mais comme la
dernière , c'est-à-dire la transcription est la
source directe de l'*enregistrement* de nos anciennes cours supérieures, de cette forme célèbre sur laquelle elles avoient fondé le pouvoir qui leur servit si longtemps à lutter contre le monarque, nous croyons utile d'entrer
ici dans quelques détails.

La transcription fut d'abord connue sous
le nom d'*allegatio*. Le particulier qui obtenoit un rescrit du prince étoit tenu de le
faire transcrire dans les actes du juge : *Al-
legare debebat coram judice in ipsius secretario , seu apud acta judicis (17)*.

Les livres qui contenoient les actes des juges
ou autres magistrats, ainsi que les lois relatives à leurs fonctions, furent nommés *regesta*, parce qu'on y transcrivoit ou rappor-

(16) Voyez GODEFROI, *ad L.* 14, *C.* THEOD., *de
indulgent. debitor. ;* et 2, *de rescript.*

(17) GODEFROI, *ad L.* 2, *C.* THEOD., *de divers.
rescript.*

Plusieurs lois font mention de cette formalité en
ces termes : *allegata in secretario : allegata in ba-
silicá , etc.* — Voyez LL. 3 et 5, *C.* THEOD., *de
Pact., etc.*

toit ce qui avoit été fait *(res gestas)* par les juges : *Quod in câ regerentur seu referrentur.* C'est pour cela qu'on appela ceux qui les tenoient *regendarii*, d'où sont venus les *référendaires*, ou rapporteurs de nos anciennes chancelleries.

Le livre appelé au singulier *regestum*, reçut peu-à-peu et par corruption, le nom de REGISTRE : *Quæ vox paulatim in registrum migravit;* et l'on appela aussi *registrée*, la loi qui y étoit insérée : *Regesta constitutio dicebatur quæ in judicis gesta seu acta referebatur, regerebatur (*18*).*

La formalité de l'enregistrement étoit d'une telle importance, que Théodose et Justinien, après avoir abrogé toutes les lois qui n'étoient pas dans leurs Codes, exceptèrent celles qui avoient été enregistrées : *Exceptis quæ in regestis diversorum officiorum relata sunt (*19*).*

Le Code Théodosien fut reçu dans la Gaule,

(18) Voyez, sur tous ces points, GODEFROI, *ad LL.* 2, C. THEOD., *de diversis rescript.;* 37, *de hæræt.;* 14, *de indulg. debitor.;* 1, *de Coquitor.;* 2, *finium regund.,* etc.

(19) Nov. THEOD., *tit. prim., ad Calcem.,* tom. 6, C. THEOD.

« Si qua regesta in tui Culmini judicio... posita « sunt, firma esse sancimus. » — *Præmium, de Justiniano Cod. Confirm.* §. 4.

du moins dans les parties de la Gaule situées au Midi de la Loire : il en devint le droit universel; les décisions en furent même maintenues après la conquête des Francs, pour les contestations des Gaulois et des ecclésiastiques (20). Il ne faut donc pas être surpris que les premiers rois Francs aient adopté le mode de publication observé par les empereurs Romains. Cependant ils n'avoient pas besoin d'autant de solennité que ceux-ci : les lois françaises se rédigeant, sous les premières races, dans les assemblées nationales, devoient être plus facilement connues que celles que les Césars arrêtoient dans leurs conseils secrets. Mais soit qu'ils fussent mus par cet esprit d'imitation si naturel à l'homme, et qui devoit l'être surtout à des princes aussi peu éclairés que les chefs des Francs, soit que l'on jugeât que l'on ne sauroit prendre trop de précautions pour faire connoître la loi à tous les citoyens, on n'omit aucune des formalités anciennes.

Entre un grand nombre de preuves que

(20) *Inter Romanos negotia causarum legibus Romanis præcipimus terminari.*—Ordonnance de Clotaire, année 56o.— *Secundùm legem Romanam quâ ecclesia vivit.*—Ordonnance de Dagobert, année 63o. — Voyez BALUZE, tome I, pages 7 et 41.

Observez que les Gaulois étoient appelés *Romains* par les Francs.

nous fournit à ce sujet la célèbre collection de Baluze, nous nous contenterons de citer ces deux passages.

Anno tertio Domini nostri Karoli hæc facta sunt capitula et consignata Stephano Comiti, ut hæc manifesta faceret (21) Parisiis mallo publico, et illa legere faceret coràm scabineis, quod ità fecit, et omnes in uno consenserunt quod ipsi voluissent omni tempore observare in posterum. — Baluze, tom. 1, pag. 392; Capitulaire de 803.

Volumus ut capitula quæ consultu fidelium nostrorum à nobis constituta sunt. . . . unusquisque (comes) per suam diocesim cœteris episcopis, abbatibus, comitibus et aliis fidelibus nostris, ea transcribi faciant, et in suis civitatibus cum omnibus relegant, ut cunctis nostra ordinatio et voluntas nota fieri possit. — Capitulaire de l'an 823; Baluze, tom. 1, pag. 640.

Ajoutons à ces passages les remarques d'un de nos historiens : « Quant à la promulgation « des lois, il paroît qu'on n'avoit rien changé « à la méthode des empereurs. Après avoir

---

(21) Ces termes *manifesta facere*, ou *publier*, sont les mêmes qu'on employe dans le corps de droit de Justinien. *Per sua edicta.... ista facere manifesta ad omnium nostrorum subditorum inexcusabilium notitiam.* — LL. 2 et 3, inf., C. de veteri jure emuleando.

« rédigé la loi, et l'avoir munie du seing du
« roi et de son sceau, on en déposoit un
« exemplaire dans le trésor au *scrinium* (22),
« et l'on adressoit les autres aux envoyés ou
« commissaires royaux, qui les faisoient par-
« venir aux comtes, pour en faire la lecture
« dans un plaid ou assemblée publique; après
« quoi cet exemplaire étoit déposé dans les
« archives de la cité (23). »

Quoique dans les premiers siècles de la troisième race, la plupart des lois fussent tombées
en désuétude, on dût d'autant moins oublier
les formalités relatives à la publication des
lois, qu'elles étoient en grande partie indi-
quées dans le corps de droit de Justinien,
qu'on trouva au milieu du douzième siècle,
et qui fut presque universellement adopté en
Europe.

Justinien avoit ordonné par la loi 29, au
Code *de testamentis*, et par la novelle 18,
que les testateurs seroient obligés d'écrire de
leur propre main, le nom de leurs héritiers,
et avoit déterminé la légitime qu'ils devoient

---

(22) Le mot *scrinium* désignoit entre autres choses chez
les Romains, le coffre où l'on gardoit les constitutions
impériales et les placets. — Voyez GODEFROI, *ad L.* 6,
Cod. Theod., *de inoff. testam.* — Nos usages, on le
voit, dérivent en grande partie de ceux des Romains.

(23) GARNIER; de l'Origine du Gouvernement
français, p. 284.

laisser à leurs enfans. On se plaignoit de ne
pas connoître ces lois, parce qu'elles n'avoient
été ni affichées ni publiées (*nondum fortè
propositæ nullique manifestæ*). Pour éviter
les inconvéniens graves que ce défaut de publicité occasionnoit, Justinien s'empressa de
décider par sa novelle 66, rédigée environ
dix mois après la novelle 18, que ces lois
seroient exécutées après leur enregistrement
ou publication, savoir la première, *hic quidem*
(à Constantinople) *ex qua insinuata est ; in
provinciis autem ex quo directa et polàm
facta in unâquâque metropoli aut aliâ ci-
vitate ;* et la seconde, *post duos menses
insinuationis.....* Les mêmes formalités sont
rappelées d'une manière encore plus positive
dans la novelle 117 (24).

On connoissoit tellement en France les règles
prescrites par Justinien pour la publication
des lois, que quelques auteurs avoient d'abord
prétendu que celles de nos rois n'étoient exécutoires que deux mois après leur enregistre-

---

(24) Cette novelle est relative aux fonctions des
magistrats envoyés dans les provinces. *Mox autem
ut ingredieris provinciam, convocatis omnibus in metropoli constitutis.... insinuabis hæc nostra sacra præ-
cepta sub gestorum insinuatione :* et PROPONES EXEM-
PLAR *eorum publicè, non solum in metropoli, sed
etiam in aliis provinciæ civitatibus.* — Voyez *D. Nov.*,
cap. 16.

ment et publication, conformément à la novelle 66 (25).

Un grand nombre d'anciennes ordonnances,
notamment celle de 1315 (26), nous attestent
l'observation de ces règles, c'est-à-dire qu'au
commencement de la troisième race, la publication des lois résultoit de leur lecture
publique à l'audience, et de leur enregistrement dans les greffes des tribunaux supé-
rieurs.

(25) C'est ce que nous apprend GUÉNOIS; il ajoute
même que le législateur devroit s'expliquer sur ce
point. — *Conférences, liv. I, tit. 9, part. 2; édit. de
1563, art. 2.*

(26) « Voulons que nos sénéchaux et baillis fassent
« solennellement *crier* et *publier* en la manière que
« nos amés et féalz les gens de nos comptes le man-
« deront par leurs lettres closes, nosdites ordonnances
« et défenses. » — *Ordonnance du 13 février 1315.*
— « Voulons par les notaires acertenés sur ce, qu'ils
« aient recours en notre chambre des comptes, où
« nous avons fait *registrer* nosdites ordonnances, et
« baillées à garder. » — *Ordonnance de décembre 1320.*
— Voyez le Recueil du Louvre, tome 1, p. 619.

JUVÉNAL DES URSINS, après avoir parlé des ordonnances que les Cabochiens avoient forcé le Dau-
phin de souscrire vers le commencement du quin-
zième siècle, s'exprime ainsi: « firent venir le Dau-
« phin en la cour de parlement, et firent lire et
« publier à haute voix, et les leut le greffier du Châ-
« telet nommé M.e Pierre Defresne qui avoit un
« moult bel langage et haut. »—*Histoire de Charles VI,
page 254.*

(18)

Ce mode de publication éprouva une modification importante vers le milieu de cette
dynastie. Avant d'enregistrer une loi, il étoit
naturel d'examiner si elle émanoit réellement
de l'autorité souveraine, c'est ce qu'on nomma
la *vérification*. Les tribunaux ne se bornèrent
pas à cette formalité purement mécanique.
Ils s'arrogèrent insensiblement le droit d'examiner les dispositions de la loi, et d'en refuser l'enregistrement si ces dispositions leur
paroissoient contraires à la constitution de
l'Etat, aux priviléges des corps et des provinces, nuisibles au bien public, etc.; ou bien
de n'accorder l'enregistrement que sous de
certaines conditions, de sorte qu'ils acquirent
ainsi une participation indirecte au pouvoir
législatif. Pour savoir s'ils devoient exercer
cette espèce de *veto* sur une loi que le pro-
cureur général du monarque leur présentoit,
ils s'en faisoient faire le rapport et rendoient
ensuite un arrêt, par lequel s'ils rejetoient
la loi, ils ordonnoient qu'ils adresseroient
des remontrances au souverain, et s'ils ac-
ceptoient la loi, qu'elle seroit lue et publiée
à l'audience et registrée dans leur greffe. On
confondit souvent cet arrêt, dit d'enregistrement, avec l'enregistrement lui-même (27);

(27) On ne pouvoit les confondre dans les chambres
des comptes, parce que ces cours avoient conservé
une formule où l'on distinguoit la vérification, de

néanmoins ce n'étoit pas du jour de cet arrêt
que la loi étoit exécutoire, mais du jour où
l'enregistrement effectif, et la lecture et la
publication à l'audience avoient eu lieu (28),

l'enregistrement : « La chambre a vérifié ladite dé-
« claration, et en conséquence a ordonné et ordonne
« qu'elle sera lue, publiée et registrée, etc. » — Voyez
la Déclaration du 4 janvier 1734, au Code de Louis XV,
tome 1, Grenoble, *Giroud*, 1765.

Nous avons dit que les tribunaux s'étoient arrogé
insensiblement le droit de vérifier les lois et d'en refuser *l'enregistrement*. Voyez à ce sujet MABLY,
Observations sur l'Histoire de France, liv. 6, ch. 6,
et une savante Dissertation de M. MERLIN, au nouveau
Répertoire, t. 4, p. 615.

(28) En voici la preuve : 1.º Les ordonnances exi-
geoient pour l'exécution d'une loi tout à la fois, la
publication et l'enregistrement proprement dit. — Voyez
Ordonnance de 1667, tit. 1, art. 4 et 6. — 2.º Dans
les mandemens mis à la suite de chaque loi, on ordonnoit que les cours les fissent *lire, publier et registrer
pour être exécutées.* On ajoutoit même souvent ces
termes, *pour les rendre notoires à nos sujets.* — Voyez
*les Ordonnances de 1731, 1735, 1737, 1747, etc.,
dans le même Code de Louis XV.*

Il falloit donc que toutes ces formalités eussent été
remplies pour que la publication fût complète ; donc
l'arrêt d'enregistrement qui les précédoit ne pouvoit
les suppléer, et précisément, il arrivoit très-souvent
que cet arrêt les précédoit d'un jour — Voyez *le Recueil des édits enregistrés au parlement de Grenoble,
imprimé chez Giroud, tome 2, n.ºˢ 65, 75, 76, 78,
93, etc., etc.* Auroit-on prétendu que les lois étoient

jour que le greffier indiquoit sur le repli de
l'original de la loi, par cette formule, *lue,
publiée et enregistrée* (29).

On voit par les recherches précédentes que
sous l'empire du droit ancien, et même depuis
l'origine de Rome, la publication des lois a
consisté toujours dans ces diverses formalités,
*lecture, publication proprement dite et en-
registrement.*

Toutes ces formalités furent d'abord maintenues pendant les deux premières années de

exécutoires à dater de ce jour-là, et avant qu'aucune
des formalités de la publication proprement dite,
eussent été remplies ?

(29) Cette formule, qui prouve aussi que toutes ces
formalités étoient nécessaires pour la publication, est
très-ancienne.

« Après la lecture et publication de ces lettres, le
« chancelier me commanda « à escrire *lecta, publi-
« cata et registrata,* au dos d'icelles lettres : » — *Registre
du parlement du 31 mars* 1418, *dans le Recueil de la
pairie de Lancelot, p.* 705. — Les mêmes termes sont
employés dans la publication des lettres-patentes du 20
juillet 1458, relatives au procès du duc d'Alençon. —
Voyez MABLY, *Observations sur l'Histoire de France,
liv.* 6, *ch.* 6, *remarque* 32. — Enfin on les trouve dans
tous les recueils d'édits, ordonnances, etc., antérieurs
au dix-huitième siécle. Ce n'est que dans ce même siécle
que divers tribunaux réduisirent cette formule, au
simple mot *registrée,* parce qu'ils avoient confondu
la vérification avec l'enregistrement.

la révolution. C'est ce qui résulte des formules usitées dans les lois de cette époque et des dispositions de celles des 5 octobre, 3 et 6 novembre 1789 et 24 août 1790 (30); si ce n'est en premier lieu qu'on enleva aux tribunaux le droit de vérifier les dispositions des lois et d'en refuser ou retarder l'enregistrement (31); en second lieu, qu'on y ajouta la formalité de l'affiche, pratiquée à la vérité

(30) Il suffit de rapporter un de ces textes, parce que les autres sont conçus à peu près dans les mêmes termes. « La transcription sur les registres, lecture, « publication et affiches seront faites sans délai aussi- « tôt que les lois seront parvenues aux tribunaux, « corps administratifs et municipalités, et elles [les « lois] seront mises à exécution dans le ressort de « chaque tribunal, à compter du jour où ces for- « malités y auront été remplies. » — *L. 6 novembre* 1789 [*Décrets des* 8 *et* 10 *octobre*], *art.* 7.

(31) « Les arrêtés du 4 août.... et les décrets sanc- « tionnés ou acceptés seront envoyés aux tribunaux « et corps administratifs pour être *transcrits* sur leurs « registres, sans *modification* ni *délai*, et être *lus* et » *affichés.* » — L. 3, novembre 1789 [*Décret du* 20 *octobre*].

« Toutes cours, même en vacations, tribunal, mu- « nicipalité et corps administratifs, qui n'auront pas « inscrit sur leurs registres, dans les *trois jours* après « la réception, et fait *publier* dans la huitaine les « lois..., seront poursuivis comme prévaricateurs, etc.» — *L.* 6 *novembre* 1789 [*Décret du* 5] *art.* 2.

de fait, mais non pas ordonnée par les lois anciennes (32).

A ces deux changemens dont le premier est fort important, il faut en joindre un troisième assez remarquable. Depuis les empereurs romains les formalités de la publication avoient été à peu près exclusivement confiées aux tribunaux ; on admit alors en concours avec eux les administrations créées en 1789, et qui dans la situation violente où se trouvoit la France, durent être investies d'une autorité considérable. On avoit divisé tout notre territoire en départemens et en districts, et établi dans chaque district un tribunal et une administration. On décida que la loi seroit censée publiée pour chaque district au jour où l'une de ces deux autorités auroit rempli les formalités précédentes.

La législation, on le voit, commençoit à se compliquer ; mais cet inconvénient fut bien balancé par les avantages attachés au nouveau mode de publication, avantages qu'on aperçoit aisément en jetant un coup-d'œil sur les modes anciens.

Il est inutile de revenir sur celui qui étoit en usage au temps de la république romaine. Il est évident qu'il n'y en a point eu, et qu'on

(32) Voyez la note précédente et la loi du 6 novembre 1789 [*Décrets des 8 et 10*], art. 3.

ne sauroit en imaginer de plus propre à opérer une publication complète de la loi, du moins pour les citoyens, puisqu'ils concouroient tous à sa confection, qu'elle leur étoit soumise par plusieurs affiches consécutives, et qu'on la gravoit sur des tables exposées en public, ainsi que nous l'avons dit. Mais il est également évident que sous l'empire romain, et sous la monarchie française, avant la découverte de l'imprimerie, il étoit difficile que les particuliers fussent promptement informés de la publication d'une loi. Les lois étoient rendues en secret; on n'en obtenoit quelque connoissance que lorsqu'elles avoient été enregistrées par le premier tribunal du royaume, le parlement de Paris. Alors seulement on les annonçoit dans quelques journaux. C'étoit là un remède bien tardif, puisque la loi étoit déja exécutoire, et l'étoit pour le tiers du territoire français, que ce parlement embrassoit dans son ressort (33).

Au contraire à dater de la réunion des derniers états-généraux remplacés successivement

(33) Il est vrai que suivant plusieurs auteurs, la loi n'étoit exécutoire que du jour de la publication dans les bailliages; mais ce système, qui atténuoit un peu les inconvéniens précédens, n'étoit ni admis généralement, ni fondé sur une jurisprudence bien sûre. —Voyez *notre Cours sur les préliminaires du droit* [Grenoble, chez *Allier*], ch. 3, note 26.

par les assemblées législatives de divers genres,
les journaux ont annoncé au monde entier
non-seulement des lois, mais même des projets
de lois, et par conséquent les particuliers ont
eu le temps de prendre leurs mesures pour
s'y conformer, longtemps avant le jour précis
où elles sont devenues exécutoires par la publication. Ce n'est pas qu'il faille accorder
une grande confiance aux journaux quant à
la pureté du texte des lois qu'ils annoncent :
bien loin de là, il est très-rare qu'ils ne les
donnent pas avec beaucoup de fautes. Mais
il suffit que le texte qu'ils rapportent donne
une idée au moins approximative de la loi,
pour que les citoyens soient suffisamment
prémunis contre les actes qu'ils pourroient
faire sur les matières dont elle traite, et qu'ils
puissent suspendre leurs projets jusques à ce
que la publication leur en ait donné une
connoissance certaine et détaillée. En un mot,
il fut dès-lors à peu près impossible qu'un
particulier contractât d'après une règle abro-
gée avant le jour du contrat, et dans l'igno-
rance de cette abrogation : et par conséquent,
les modes modernes de publication l'empor-
tèrent de beaucoup, dès cet instant, sur les
modes anciens.

Les lois du commencement de la révolution
furent confirmées quant aux mêmes formalités par celle du 5 novembre 1790, qui en

contient un système complet. Par malheur
un vice de rédaction la fit interprêter d'une
manière différente par plusieurs tribunaux,
et il est même douteux que l'interprétation
établie par la dernière jurisprudence soit con-
forme à l'intention du législateur. On décida
que d'après ses dispositions, les lois adminis-
tratives avoient été exécutoires du jour de
leur publication par les administrations ou
de département ou de district, et les lois ju-
diciaires du jour de leur publication par le
tribunal du district (34). C'étoit compliquer
de nouveau la législation, car peut-on dis-
tinguer aisément toutes les lois purement ad-
ministratives de toutes les lois purement ju-
diciaires, dès qu'un très-grand nombre de
lois contiennent des dispositions mixtes? Mais
cet inconvénient assez grave, fut encore
balancé par l'avantage de la grande publicité
qui résultoit du système moderne de confection et publication des lois, comme nous
venons de le remarquer.

Ce système avoit cependant un inconvénient
qui a existé et existera toujours quelque parti
que l'on prenne, et que l'on pourra seulement plus ou moins atténuer. En rendant la

(34) Voyez : 1.º les Arrêts de cassation des 2 ventose an 9, 14 frimaire et 28 floréal an 10; 2.º le même
Cours, ch. 3, Appendix.

loi exécutoire pour tous les habitans d'un district au jour où elle est publiée dans le chef-lieu, il est clair que leur condition n'est plus égale, parce qu'il est impossible, que quelque peu étendu que soit un district, ceux qui résident hors du chef-lieu et surtout vers les limites du district, aient sur le champ connoissance des dispositions de la loi publiée. Quoique cet inconvénient fort grave sous l'ancien régime, fût très-léger depuis la révolution, on conçut l'idée extravagante de la faire disparoître tout-à-fait. Un Décret trop fameux, celui du quatorze frimaire an 2 (35), ordonna que les lois d'un intérêt général seroient insérées dans un bulletin officiel; et qu'elles ne seroient exécutoires dans chaque commune de France, que du jour où le bulletin qui les contiendroit y auroit été publié, à son de trompe ou au bruit du tambour; et qu'en outre elles seroient lues en public aux citoyens, chaque décadi. Il faut en convenir, si ce mode de publication étoit praticable, il n'y en auroit point qu'on pût lui comparer. Mais on éprouva dans cette occasion comme dans mille autres, que la perfection est presque toujours une idée chimérique. On compte en France plus de quarante mille communes. De là un nouvel inconvénient, celui de ne

(35) C'est celui qui établit le Gouvernement révolutionnaire. Voyez-en la section 2.

rendre la loi exécutoire dans un même empire, qu'à une multitude considérable d'é-
poques différentes; de sorte que dans un
district, par exemple de quinze lieues de
diamètre, il étoit possible que tel acte dé-
fendu par la loi la plus récente, le premier
du mois au chef-lieu, fût permis le deux,
dans la commune la plus voisine, le trois,
dans la suivante, etc., et fût illégitime le
premier aux limites du district, dans le
même temps qu'il seroit légitime en dedans
de ces mêmes limites, etc., etc. En un mot,
on auroit pu représenter, quant aux époques
de l'exécution des lois, chaque district par
un échiquier dont toutes les cases de couleurs
diverses auroient exprimé la variabilité de
ces époques.

Mais cet inconvénient étoit encore de fort
peu d'importance en comparaison de celui-
ci. La plupart des communes sont peu éten-
dues et peu populeuses, et par conséquent
ne peuvent avoir des officiers municipaux
éclairés et doués d'assez d'aisance pour sa-
crifier tout leur temps à la chose publique.
Delà suivit une grande négligence dans la publication du bulletin, et dans les notes de cette
publication. Une foule de lois, des lois même
magistrales furent laissées de côté; les bulletins qui les contenoient furent égarés, etc.
De sorte qu'on ne pouvoit en ordonner l'exé-

cution dans beaucoup de communes, parce
qu'on ignoroit si elles avoient été publiées,
et que si elles l'avoient été rien ne le cons-
tatoit. Enfin le désordre fut tel que cinq ans
après on fut obligé de décider que toutes les
lois envoyées dans les départemens avant celle
du 12 vendémiaire an 4, et non publiées,
seroient censées l'avoir été en même temps
que cette loi (36).

Cependant, qui l'eût pu espérer? Cette loi
si vicieuse du 14 frimaire an 2, contenoit
une institution infiniment utile, et qu'on s'est
empressé de maintenir, parce qu'il faut prendre le bien partout où on le trouve, quelque
mauvaise qu'en soit la source. Depuis la chûte
de la république romaine, si l'on avoit besoin de connoître dans toute sa pureté le texte
d'un acte de l'autorité publique, il falloit né-
cessairement compulser les registres des tribunaux où on l'avoit transcrit. Cette ressource n'étoit pas même toujours suffisante,
puisqu'il est bien difficile qu'il ne se glisse
pas des fautes dans la copie surtout d'un acte
un peu étendu; outre qu'il n'est ni possible
ni commode à tout particulier de faire une
semblable recherche, ces fautes devoient la
rendre souvent illusoire, et l'on sait qu'il n'est
aucune faute qui, dans le texte d'une loi,

(36) Loi du 24 brumaire an 7.

soit indifférente. On sait qu'une virgule mal
placée, une simple particule omise ou subs-
tituée à une autre changent totalement le sens
d'une décision (37). Enfin réduits à ces copies manuscrites, on a l'exemple de fautes
dans le texte des lois, qui n'ont pu être rec-
tifiées qu'au bout de plus d'un siécle (38). Le
bulletin imaginé par les rédacteurs de la loi
du 14 frimaire, offrit tout-à-coup toutes les
ressources dont on avoit toujours manqué :
imprimé avec soin dans l'une des premières
typographies du Monde, et sur un papier
particulier, il fut en outre accompagné de
signes propres à en empêcher la contrefaçon,
souscrit par les fonctionnaires chargés de la
surveillance matérielle des lois, et scellé du
sceau de l'Etat (39). On y comprit non-seulement les lois d'un intérêt général, mais encore les actes du gouvernement et l'intitulé

(37) 1.º Dans la loi du 30 avril 1790, le mot *seront*
substitué dans quelques exemplaires, au mot *sont*, a
donné lieu en 1806, à des difficultés sérieuses. —
Voyez *le nouveau Répertoire de* M. MERLIN, *mot
divorce*, §. 10.

2.º Il en a été de même de l'omission d'une virgule entre les mots *veuves*, et *marchandes publiques*,
omission qui n'a été bien reconnue qu'en 1805. —
Voyez *Arrêt de cassation du 29 frimaire an* 13.

(38) Voyez la note précédente.

(39) Loi du 14 frimaire an 2, sect. 1.

des lois d'un intérêt local. Il fut envoyé à
toutes les autorités publiques pour le conserver
dans leurs archives ; l'abonnement en fut ou-
vert à tous les citoyens et aux fonctionnaires
publics en particulier pour un prix bien
inférieur à sa valeur réelle (40). Chacun en
un mot, put dès-lors acquérir un registre
authentique des lois, un registre commode
à consulter à l'aide de tables, et surtout bien
plus exact que ceux des tribunaux, un registre dont il fut aisé de découvrir, noter
et rectifier les erreurs qui pouvoient quelquefois s'y glisser, tandis que les erreurs nom-
breuses des autres étoient destinées à se per-
pétuer.

Cette institution si heureuse facilita singu-
lièrement le travail des législateurs lorsqu'ils
voulurent perfectionner le mode ancien de
publication. La loi du 12 vendémiaire an 4,
en abolissant la publication par commune,
put aussi supprimer les affiches coûteuses
et incommodes, usitées avant le 4 frimaire
an 2 (41); chaque citoyen, au moyen du bulletin, pouvoit en effet avoir entre les mains
et en tout temps une espèce d'affiche plus

(40) Toutes ces dispositions nouvelles sont de la loi
du 12 vendémiaire an 4, art. 1—10.

(41) A moins que la loi elle-même ne l'ordonnât
expressément.

correcte que celle-là , qui ne pouvoit exister
que peu de jours. Elle se borna à décider que
les lois seroient obligatoires dans l'étendue de
chaque département , à dater du jour où elles
seroient parvenues aux administrations cen-
trales remplacées depuis par les préfectures ,
jour qui seroit constaté par un registre (42);
et afin que l'on connût précisément et avec
promptitude ce jour dans tous les cantons
des départemens , on ordonna (43) que le
commissaire central adresseroit le primidi
de chaque décade un tableau des numéros
des bulletins arrivés pendant la décade précédente.

A l'aide de cette méthode on avoit à peu
près résolu le problême difficile qu'offre une
bonne publication des lois. Les citoyens étoient
avertis longtemps à l'avance par les journaux,
des projets et de la délibération des lois ; ils en
apprenoient le texte avec exactitude dans les
bulletins , et enfin les tableaux décadaires les
intruisoient assez promptement de l'époque
à laquelle ils devoient les exécuter. Il ne res-
toit plus qu'un inconvénient; outre que c'étoit
déja un embarras que d'avoir à consulter ces

(42) D. L., art. 11 et 12.
(43) Arrêtés du Directoire du 12 prairial an 4,
et des Consuls du 16 prairial an 8. — Voyez aussi
le Cours déja cité.

tableaux, et que quelque erreur ou négligence
de commis ou quelque accident pouvoit en
retarder ou écarter l'envoi , cette ressource
n'étoit pas à la portée des citoyens étrangers
au département où la loi étoit publiée. Cependant comme on peut avoir des proprié-
tés à régir et des droits à faire valoir dans
plusieurs provinces , il est utile de connoître
l'époque d'exécution des lois dans toute l'étendue de l'Empire.

Les rédacteurs du Code Napoléon cher-
chèrent à procurer à tout le monde ce dernier
avantage. Ils eurent d'abord l'idée de fixer
une époque unique de publication pour chaque loi et pour toute la France. Ils sentirent
bientôt que ce mode étoit plus spécieux en
spéculation que profitable dans la pratique,
et ils choisirent celui qu'indique l'art. 1.ᵉʳ du
Code Napoléon (44). On sait que d'après cet
article les lois sont exécutoires dans le département où siége le gouvernement un jour après
celui de la promulgation , et dans les autres,
autant de jours après ce délai qu'il y a de fois
dix myriamètres entre leur chef-lieu et la ville
où s'est faite la promulgation.

Pour bien saisir en quoi ce mode l'em-

(44) Voyez le Rapport de M. PORTALIS, au Corps
législatif, le 4 ventose an 11, et le procès-verbal du
Conseil d'Etat, séances des 4 et 14 thermidor an 9.

porte sur les précédens, il faut remarquer
en premier lieu, que la loi est proposée au
Corps législatif au nom de l'Empereur, plusieurs jours avant qu'elle y soit décrétée; que
l'exposé des motifs de la loi, ainsi que le pro-
jet de loi sont aussitôt insérés dans les journaux; qu'enfin la loi n'est promulguée par
l'Empereur que le dixième jour après son émission. Il s'écoule donc au moins une quinzaine
de jours avant que la loi soit exécutoire dans
le département où le gouvernement siége; et
ce temps est bien suffisant pour que tous les
citoyens aient pu en prendre une connoissance au moins approximative. Par conséquent la loi n'est plus, comme sous l'ancien
régime, une espèce de mystère; elle est réellement publique.

En second lieu, le jour de l'émission de
la loi au Corps législatif étant aussi annoncé
par les journaux, on est instruit par là
même de celui de la promulgation, et par
conséquent aussi de celui de la publication
proprement dite, et l'on en est instruit dans
toute la France, sans qu'il soit besoin de
faire aucune recherche. Il suffit en effet
d'ajouter au jour de l'émission de la loi,
1.º dix jours pour ce délai de promulgation; 2.º un jour pour le premier intervalle
après lequel la loi doit être exécutoire dans
la province où le gouvernement siége; 3.º au-

tant de jours qu'il y a de fois dix myriamètres entre le chef-lieu du département où
l'on cherche à savoir quand une loi est exécutoire, et la ville où s'est faite la promulgation.
Ce calcul est d'autant plus facile que le gouvernement a lui-même indiqué les distances
de chaque chef-lieu (45).

Sous le premier point de vue le mode actuel de publication étoit infiniment préférable
au mode de l'ancien régime ; sous celui-ci
il l'emporte sur tous ceux qu'on a imaginés
depuis la révolution, puisqu'aucun d'eux
ne procuroit les avantages que nous venons
d'énoncer.

Mais ce mode n'étoit point praticable pour
les décrets impériaux, parce qu'ils ne sont pas
communiqués comme les lois à des assemblées
délibérant en public ; on y a pourvu en adoptant à leur égard celui qu'a prescrit la loi
du 12 vendémiaire au 4, de sorte que comme
les décrets sont toujours annoncés par le journal officiel, on a aussi le temps de les connoître assez à l'avance pour prendre des mesures sur leur exécution, jusques à ce que le
bulletin qui les rapporte soit arrivé à la pré-
fecture.

Cette dernière mesure est suffisante pour
les décrets qui contiennent des dispositions

(45) Arrêté du 25 thermidor an 11.

d'un ordre général, parce qu'éveillant l'atten-
tion publique, il est presque impossible que
la connoissance ne s'en répande pas avec
rapidité. Comme il n'en est pas de même
pour ceux qui n'ont qu'un objet particulier
ou qui ne sont que d'un intérêt purement
local, on a décidé qu'ils ne sont obligatoires
que du jour de leur notification aux intéres-
sés eux-mêmes ou des envois qu'en font ou
ordonnent les fonctionnaires chargés de l'exécution.

L'avis du Conseil d'état du 12 prairial an 13,
où nous puisons ces dernières règles, est une
preuve du soin, du scrupule même qu'on
a mis pour n'exiger l'observation des actes
de l'autorité publique, qu'autant qu'on seroit bien assuré qu'ils doivent être réellement
publics et connus de tous ceux dont ils sont
destinés à diriger la conduite.

Nous ne devons pas néanmoins dissimuler
qu'il s'est élevé quelques difficultés sur l'ap-
plication du mode actuel de publication ;
mais outre qu'elles sont en fort petit nombre,
il est très-facile de les lever par des dispositions additionnelles. Par exemple, les distances qui séparent de Paris la plupart des
chefs-lieux de département ayant des fractions de dixaine de myriamètres, on a
demandé si l'on ne doit pas compter un
jour de plus pour les fractions qui excèdent

la moitié d'une dixaine. Quoique la loi nous paroisse exclure clairement l'affirmative de cette question, il seroit utile de dissiper tous les doutes par un acte de l'autorité publique (46).

Il résulte, Messieurs, des recherches que je viens de vous soumettre :

Que la législation a fait des progrès continuels et sensibles, quant au mode de publication des lois;

Que le mode actuel est le plus parfait de tout ceux qui ont été usités jusques à présent;

Qu'à l'aide de ce mode les particuliers sont instruits, aussitôt qu'il est possible, de l'existence et de l'époque d'exécution des règles nouvelles auxquelles ils sont astreints, et qu'ils peuvent avec facilité connoître le texte précis de ces régles;

Qu'il y reste, il est vrai, quelques taches, mais qu'elles sont légères et aisées à effacer....

Nous devons attendre ce bienfait d'un gouvernement à qui nous en devons tant d'autres d'une bien plus grande importance;

(46) Voyez au même Cours, ch. 3, notes 35 et 36, une dissertation sur cette question, et sur celle de savoir si les lois *facultatives* sont exécutoires avant la publication effective.

d'un gouvernement dont la sollicitude, la
sagacité et la prévoyance embrassent tout à
la fois et les conceptions les plus profondes
de la haute politique, et les détails les plus
simples de cette administration intérieure
qui contribue si puissamment au bonheur des
citoyens.